楽しい調べ学習シリーズ

水害の大研究

なぜ起こる? どうそなえる?

[監修] 河田惠昭

PHP

はじめに

　最近、水害が増えていることに気がついていますか？　水害が増えているのには、はっきりとした理由があります。地球全体が温暖化し、世界的に雨の降り方が変わり、夏が極端に暑く、冬に雪が降らなくなるなど、どんどん気候が変化し始めているからです。それは、わが国に限っても、やってくる台風の発生位置や強さ、雨をもたらす低気圧の発生場所や移動経路、そして梅雨前線や秋雨前線などの変化として表れています。しかも、それらが複数に関係しあって、大変複雑な気象が新たに出現し始めているのです。たとえば、平成30年（2018年）の西日本豪雨では、琵琶湖の貯水量のおよそ3杯分に相当する約824億立方メートルの大雨が降りました。令和元年（2019年）東日本台風では390の市区町村で、災害救助法が適用される大きな被害が発生しました。極端な大雨が降るとどのような川もあふれてしまいます。そのとき洪水が発生しなかった川は、たまたま雨がそれほど降らなかったので助かっただけなのです。

　私たちはいろいろなことを経験するごとにかしこくなっていきます。

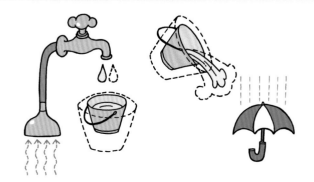

ところが、災害の場合は、危ないと気がついたときには命や財産を失うことが多く、そのとき経験したのでは遅すぎるのです。災害が起こる前から、どうすれば被災しないのか、について知識をもっていることが大切です。でもそれだけでは不十分です。知識にもとづく行動がともなわなければ、結局被災してしまうのです。いくら避難指示が迅速に出ても、避難しなければ被災してしまうのです。正確な知識にもとづいて行動することは、災害多発・激化時代に生きる私たちにとって必要なルールなのです。

　本書は、水害が起こることを前提にして、必要な知識を読者に知っていただきたいと考えつくりました。まず、なぜ水害が起こるのか、その原因をわかりやすく説明し、水害にどうそなえるかを紹介しています。水害が起こってからでは、被害を少なくするのは難しいです。だから、起こる前に準備をしなければなりません。

　本書を読んで早速始めましょう。

河田惠昭

水害の大研究 もくじ

はじめに ・・ 2

水害が増えている！ ・・・・・・・・・・・・・・・・・・・・・・・・・・ 6

記録的被害を出した最近の水害 ・・・・・・・・・・・・・・・ 8

第1章　水害はなぜ起こる？

日本の気候 ・・・・・・・・・・・・・・・・・・・・・・・・・・・・・・ 10
年間降水量は世界平均の1.6倍／はっきりした四季／
特徴的な気候①台風／特徴的な気候②梅雨

地球温暖化の影響は？ ・・・・・・・・・・・・・・・・・・・ 12
激しい雨が増えている／台風の大型化・複雑化／
集中豪雨・ゲリラ豪雨の多発

日本の国土と川 ・・・・・・・・・・・・・・・・・・・・・・・・ 14
せまい範囲に集まって暮らす日本人／急勾配な日本の川／
都市化により急な増水が起こる

ゼロメートル地帯って？ ・・・・・・・・・・・・・・・・・ 16
平均満潮時海面より低い都市／日本のゼロメートル地帯／
市街地の上を流れる川

川が原因の水害 ・・・・・・・・・・・・・・・・・・・・・・・・ 18
川と私たちの暮らし／変化する河川の姿

水害の種類 ・・・・・・・・・・・・・・・・・・・・・・・・・・・・ 20
洪水／浸水／土砂災害

堤防決壊のメカニズム ・・・・・・・・・・・・・・・・・・ 22
堤防があるからこその危険／決壊のプロセス

都市の水害 ・・・・・・・・・・・・・・・・・・・・・・・・・・・・ 24
洪水被害の半分は内水氾濫／地下鉄や地下街への浸水

治水とは？ ・・・・・・・・・・・・・・・・・・・・・・・・・・・・ 26
水害との戦い／治水のおもな方法

【コラム】治水の歴史 ・・・・・・・・・・・・・・・・・・・ 28

第2章 水害にそなえよう！

日本の気象と降水量 ・・・・・・・・・・・・・・・・・・・・・・・・ 30
雨が多いのはどこ？／地形と降水量／季節によって降水量はちがう

台風情報の見方 ・・・・・・・・・・・・・・・・・・・・・・・・・・・・ 32
風がふく範囲と強さ／台風の進路／ヘクトパスカルって何？

大雨に関する天気予報の用語 ・・・・・・・・・・・・・・・ 34
最新情報を確認して行動しよう／雨の強さと降り方

ハザードマップを確認しよう ・・・・・・・・・・・・・・・・ 36
ハザードマップとは何か？

事前に防災会議をしておこう ・・・・・・・・・・・・・・・ 38
災害用伝言ダイヤルの使い方

避難するときの服装 ・・・・・・・・・・・・・・・・・・・・・・・・ 40
ぬげない、すべらないものを選ぶ／非常もち出しリュックを用意しよう

食べ物や飲み物を備蓄しておこう ・・・・・・・・・・・ 42
水の確保が最優先

避難指示が出たらどうする？ ・・・・・・・・・・・・・・・ 44
避難のタイミングはいつ？／警戒レベル4で全員避難！

避難するときに気をつけること① ・・・・・・・・・・・ 46
情報を確認し、早めに行動する／「水平避難」の経路を確認

避難するときに気をつけること② ・・・・・・・・・・・ 48
逃げるときは集団で／浸水・冠水時に気をつけたいこと

土砂災害には前兆がある ・・・・・・・・・・・・・・・・・・・ 50
大雨で地面がゆるくなる

避難所で気をつけること ・・・・・・・・・・・・・・・・・・・ 52
災害後はライフラインが乱れる／避難所で困らないための対策

さくいん ・・・・・・・・・・・・・・・・・・・・・・・・・・・・・・・・ 54

水害が増えている！

近ごろ、日本では毎年のように、記録に残る大きな水害が起こっています。回数が増えているだけではなく、これまであまり水害が起こらなかった地域でも被害が出ているのです。近年の水害で、代表的なものを見てみましょう。

平成30年（2018年）7月豪雨（西日本豪雨）
西日本を中心に全国的に広い範囲で記録的な大雨になりました。
小田川（岡山県倉敷市）　提供：国土交通省 中国地方整備局

平成29年（2017年）7月
九州北部豪雨
梅雨前線や台風の影響により大雨が続き、記録的な豪雨となり、大きな被害が出ました。
赤谷川（福岡県朝倉市）　提供：国土地理院

平成26年（2014年）
8月豪雨
広島県広島市で土砂災害が起こり、多くの死者が出ました。
広島県広島市
提供：国土交通省

　※ 図中の円は写真の川などがある地域を示す。

平成28年(2016年)
台風第10号

1951年に気象庁による台風の記録が始まってから、はじめて台風が東北地方の太平洋側に直接上陸し、大きな被害を出しました。

小本川(岩手県岩泉町)
提供：国土地理院

令和元年(2019年)東日本台風

東北地方を中心に、各地で記録的な大雨となりました。
阿武隈川の堤防が決壊し、大きな被害を出しました。

阿武隈川(宮城県丸森町)　提供：国土交通省

平成27年(2015年)9月
関東・東北豪雨

鬼怒川の堤防が決壊し、茨城県常総市の約3分の1が水につかりました。

鬼怒川(茨城県常総市)
提供：国土交通省

記録的被害を出した最近の水害

とくに大きな被害の出た災害には、気象庁が名前をつけています。
最近のもの2つをもう少し詳しく見ていきましょう。

令和元年（2019年）東日本台風

2019年10月12日、大型で強い勢力の台風が静岡県の伊豆半島に上陸し、関東地方や東北地方を通過しました。

前のページで見た阿武隈川以外にも、長野県の千曲川など、全国140カ所で堤防が決壊し、災害救助法が適用された市区町村は390をかぞえ、死者99人、家屋の全半壊3万2918棟、床上・床下浸水3万929棟（消防庁2020年2月12日時点）という大きな被害をもたらしたのです。

（写真上）長野県長野市における千曲川の堤防決壊
（写真左）福島県郡山市における阿武隈川の堤防決壊
提供：ともに国土交通省

平成30年（2018年）7月豪雨（西日本豪雨）

2018年6月29日に発生した台風第7号とその影響を受けた梅雨前線によって、6月28日〜7月8日にかけて、西日本を中心とした広い地域で記録的な大雨が続きました。

その間の降水量は四国地方で1800mm、東海地方で1200mmをこえるところもあったほどです。川の氾濫や、がけくずれが同時多発的に発生し、死者263人、家屋の全半壊1万8129棟、床上・床下浸水2万8619棟（消防庁2019年4月1日時点）という大きな被害が出ました。

（写真上）広島県呉市における土砂災害
（写真下）広島県広島市における増水による国道2号への被害
提供：ともに国土交通省 中国地方整備局

第1章
水害はなぜ起こる？

防

断面図（手前が下流側）

右岸　河川敷　左岸
護岸
堤防　堤防
堤内地　堤外地　堤内地

日本の気候

日本では毎年のように大きな水害が起こっています。これはなぜでしょうか。その大きな理由の1つとして、日本の特徴的な気候があげられます。

年間降水量は世界平均の1.6倍

日本は世界でも雨の多い地域に位置しています。実際、世界の年間降水量の平均が1065mmなのに対して、日本は約1.6倍の1668mmにも達します。降水量とは雨や雪などとして空から降ってくる水分の合計です。地上に降った雨や雪は、やがて川に流れこむので、降水量が多ければ、それだけ川は多くの水をかかえることになります。

世界各国の降水量

降水量 (mm/年)

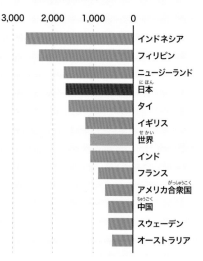

日本の降水量は1986年から2015年の平均。世界平均および各国の降水量はFAO（国連食糧農業機関）「AQUASTAT」の2019年6月時点の公表データをもとに算出。
出典：国土交通省水資源部「令和元年版 日本の水資源の現況」

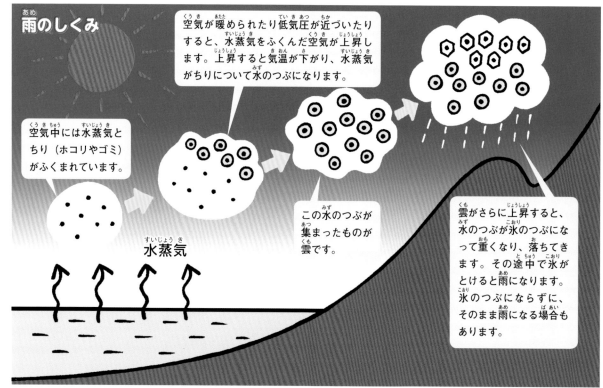

雨のしくみ

空気中には水蒸気とちり（ホコリやゴミ）がふくまれています。

空気が暖められたり低気圧が近づいたりすると、水蒸気をふくんだ空気が上昇します。上昇すると気温が下がり、水蒸気がちりについて水のつぶになります。

水蒸気

この水のつぶが集まったものが雲です。

雲がさらに上昇すると、水のつぶが氷のつぶになって重くなり、落ちてきます。その途中で氷がとけると雨になります。氷のつぶにならずに、そのまま雨になる場合もあります。

はっきりした四季

はっきりとした四季があり、季節によって降水量が大きく変わるのも日本の気候の特徴です。とくに雨が集中するのが、梅雨と台風の時期です。短い期間に集中して雨が降るので、急に川の水が増えます。また、日本海側などの豪雪地帯のように、冬に降水量が集中する地域もあります。地域による差を知り、それぞれの地域にあった災害へのそなえをする必要があります。

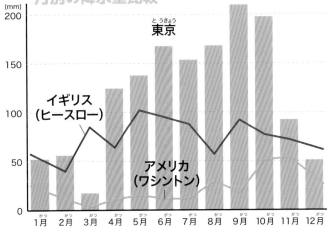

月別の降水量比較

東京

イギリス
(ヒースロー)

アメリカ
(ワシントン)

1月 2月 3月 4月 5月 6月 7月 8月 9月 10月 11月 12月

イギリスのヒースロー、アメリカのワシントンとくらべて、東京の雨は5～10月に集中していることがわかります。
出典：国立天文台『理科年表2018』

特徴的な気候❶ 台風

台風は夏から秋にかけて、日本に激しい雨と風をもたらします。その正体は、熱帯の海上（北太平洋）で発生した低気圧で、その低気圧域内の最大風速（→ 32 ページ）が毎秒17m以上になると、台風と呼ばれます。

周囲より気圧が低い部分を低気圧といい、熱帯で生まれたものが熱帯低気圧です。暖かな海では活発に水蒸気が発生して積乱雲ができ、やがて積乱雲のかたまりが回転し始めます。

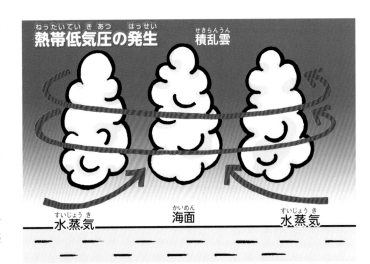

熱帯低気圧の発生　積乱雲

水蒸気　海面　水蒸気

特徴的な気候❷ 梅雨

梅雨とは、5月ごろから沖縄で降り始め、最近では、7月下旬に北海道まで北上することがある長雨のことです。北からの冷たい風と、南からの暖かく湿った風がぶつかって雨が降ります。2つの風の強さが同じくらいなので、境目が日本にとどまり、長期間雨を降らせるのです。夏の終わりから秋にかけても秋雨前線というものが発生し、集中豪雨が降りやすくなります。

梅雨のしくみ

暖かく湿った空気が冷たい風とぶつかると、冷やされて雲ができます。このぶつかっている境界を前線と呼びます。

オホーツク海高気圧
冷たい空気をもつ高気圧

梅雨前線

太平洋高気圧
暖かくて湿った空気をもつ高気圧

地球温暖化の影響は?

人の活動の活発化などによって、世界的に平均気温が上昇しています。「地球温暖化」と呼ばれるこの現象は、気象にも重大な影響をあたえています。

激しい雨が増えている

気象庁によると、日本の平均気温は100年あたり 1.24 ℃の割合で上がっています(〜2019年)。これは世界的にも速いペースです。

気温が上がると、雨の降り方にも変化があります。実感しやすいのは、激しい雨が増えることでしょう。1時間降水量が50mm以上の雨の発生回数をくらべると、1976 〜 1985 年の年間平均が 226 回だったのに対し、2010 〜 2019 年の年間平均は327回でした。また、雨のたくさん降る年と降らない年の差が大きくなっています。

地球温暖化と雨の関係

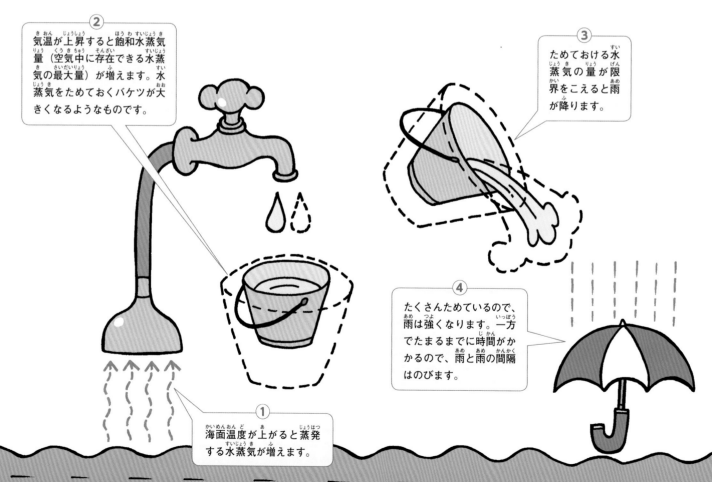

② 気温が上昇すると飽和水蒸気量(空気中に存在できる水蒸気の最大量)が増えます。水蒸気をためておくバケツが大きくなるようなものです。

③ ためておける水蒸気の量が限界をこえると雨が降ります。

④ たくさんためているので、雨は強くなります。一方でたまるまでに時間がかかるので、雨と雨の間隔はのびます。

① 海面温度が上がると蒸発する水蒸気が増えます。

台風の大型化・複雑化

海面水温が 27 ℃より高くなると、熱帯低気圧にさかんに水蒸気が供給されるようになります。地球温暖化によって、この 27 ℃をこえる海が北に広がっています。そのため、

勢力を保ったまま台風が日本にやってくるようになりました。さらに、成長中の台風は進路がとても不安定です。近年では、台風がジグザグに進んだり、Uターンしたりする例も見られるようになりました。

強い台風の増加

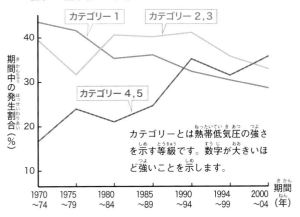

カテゴリー1
カテゴリー2,3
カテゴリー4,5

期間中の発生割合（％）

40
30
20
10

1970
〜74
1975
〜79
1980
〜84
1985
〜89
1990
〜94
1994
〜99
2000
〜04
期間（年）

カテゴリーとは熱帯低気圧の強さを示す等級です。数字が大きいほど強いことを示します。

出典：環境省「IPCC第4次評価報告書第1作業部会報告書概要」より改変

台風の進路の変化

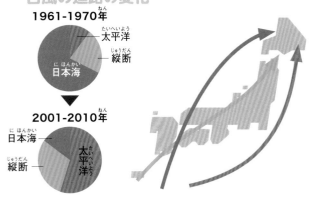

1961-1970年
太平洋
縦断
日本海

2001-2010年
日本海
縦断
太平洋

台風の進路が変化している1つの例として、北海道への台風上陸ルートが見られます。
出典：データは「土木学会論文集B1（水工学）Vol.73」より

集中豪雨・ゲリラ豪雨の多発

「集中豪雨」とは、梅雨や台風の時期に同じ場所で短時間に降る大雨のことです。低気圧が前線を刺激したり、台風の影響で暖かく湿った空気が流れこんだりしたときに発

生します。地球温暖化によって低気圧の特性が変化し、集中豪雨も増えています。突然、激しい雨が降る現象には、「ゲリラ豪雨」（→35ページ）もあります。こちらは夏に積乱雲が連続的に生まれることで起こります。

ゲリラ豪雨とは

積乱雲

冷える

暖かく湿った空気

ゲリラ豪雨では、暖かく湿った空気の上昇で積乱雲が連続して生まれ、大雨を降らせます。

ヒートアイランド現象とゲリラ豪雨

積乱雲

暖かくなった空気は軽くなり、上昇します。

湿った空気

ゲリラ豪雨と関係が深いと考えられているのが、都市の気温が周りより高くなるヒートアイランド現象です。

日本の国土と川

気象状況だけではなく、日本の地形にも水害が起こりやすい理由があります。それを理解すれば、日本に住むうえで、水害へのそなえがいかに大切かがわかります。

せまい範囲に集まって暮らす日本人

人の生活には水が必要です。さまざまな生活用水としてはもちろん、野菜や動物を育てるのにも使います。

また、平らな土地であれば、道路などをつくりやすいので、人やものの行き来がさかんになります。そのため、人間は大昔から川沿いの低い平らな土地に集まって生活してきました。人が住むのに適した土地を「可住地」と言いますが、とくに日本は可住地が少ないため、せまい範囲に多くの人が集まって暮らしています。

可住地の分布

黄色い部分が可住地

【日本の可住地】 【フランスの可住地】 【イギリスの可住地】 【ドイツの可住地】

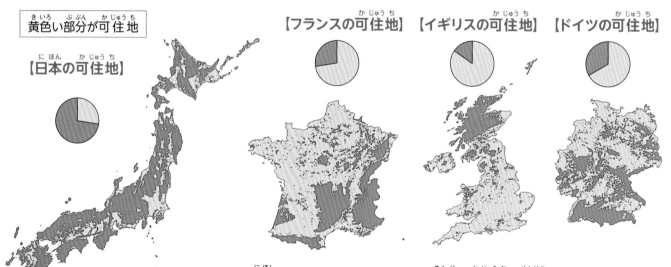

0　　250　　500km
同縮尺で比較

日本、フランス、イギリス、ドイツの国土と可住地の面積

国名	日本	フランス	イギリス	ドイツ
国土面積（万km²）	37.86	54.79	24.38	35.67
可住地面積（万km²）	10.35	39.72	20.63	23.79
国土面積に占める可住地割合（％）	27.3	72.5	84.6	66.7

※この図での非可住地、可住地の区分は以下のとおり。
非可住地：標高500m以上の山地および現況の土地利用が森林、湿地等で、開発しても居住に不向きな土地利用の地域。
可 住 地：非可住地以外の地域。具体的には、標高500m未満で現況が市街地、畑地、水田、草地、果樹園等（疎林、かん木、まばらな木またはかん木をふくむ草地、まばらな植生〈草、かん木、木〉、農地と他の植生の混合）の土地利用の地域。

出典：地球地図データより国土地理院作成、国土交通省「国土の脆弱性」より抜粋・作成

急勾配な日本の川

日本は山が多く平らな土地が少ないため、山から海までが近いという特徴があります。高低差があり、距離が短いので、川の勾配（かたむき）は急で、いっきに流れ落ちることになります。そのため、水の勢いがとても強く、大雨が降ると急に水が増えます。

常願寺川は富山県北部を流れる川。全長約56kmと非常に短い川です。

日本と海外の河川勾配

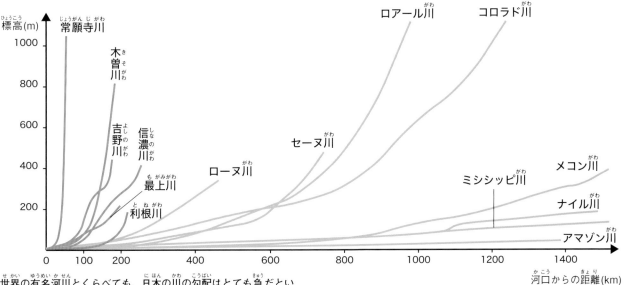

世界の有名河川とくらべても、日本の川の勾配はとても急だということがわかります。出典：国土交通省ホームページより作成

都市化により急な増水が起こる

日本の川をさらに危険な存在にしているのが、私たち人間です。田畑を埋めて住宅地にしたり、アスファルトの道路をつくったりすることを「都市化」と呼びます。都市化すると、雨水が地面に染みこまず、直接川に流れこむようになります。結果として、急な増水が起こっているのです。

都市化していない場合、雨水は地面に染みこんだり、田畑にたくわえられたりするため、川に集中することはありません。

ゼロメートル地帯って？

日本で生活していくには、低い土地をさけることはできません。どこが低い土地で、どういった危険があるのかを理解しておくことが大切です。

平均満潮時海面より低い都市

満潮時の平均海面と同じか、それより低い高さ（標高）の土地を「ゼロメートル地帯」と呼びます。このような場所で洪水が起これば、被害はより大きなものになります。

マンションの高層階でも安心はできません。ゼロメートル地帯で洪水が起これば、停電や断水のほか、水をすぐには取りのぞけず、長期間孤立する可能性があるのです。

日本のゼロメートル地帯

東京・大阪・名古屋という日本を代表する大都市の一部は、ゼロメートル地帯に広がっています。これらの大都市は、大きな川の河口付近に発達しており、もとは川の一部だったところも埋め立てて開発しています。さらに、1930年代以降、地下水のくみ上げによる地盤沈下が起こり、大規模なゼロメートル地帯が生まれることになりました。

【東京】

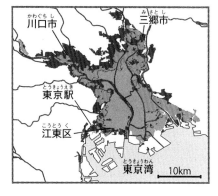

【大阪】

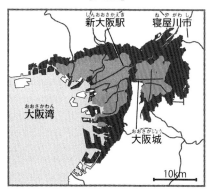

【名古屋】

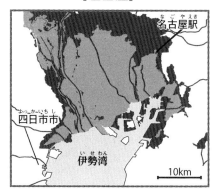

■ ゼロメートル地帯
（満潮時の平均海面より低いところ）

■ 海面が59cm上昇した場合の
ゼロメートル地帯

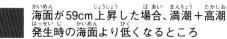 海面が59cm上昇した場合、満潮＋高潮
発生時の海面より低くなるところ

新大阪駅、名古屋駅などもゼロメートル地帯につくられています。
出典：『勇気をもって 災害を知り、いのちを守る』NNN、読売新聞社、関西大学社会安全学部 制作・著 (2013)

市街地の上を流れる川

日本で洪水による被害が大きくなる理由として、川底が市街地よりも高い川の存在があります。川が運んできた土砂が、流れがゆるやかになる辺りでたまるため、少しずつ川底が上がっていくのです。堤防をつくることで、川があふれるのを防いでいますが、もしも水が堤防をこえた場合には、より大きな被害が出るという危険をかかえています。

荒川の堤防

東京周辺とロンドンの市街地

【東京周辺】

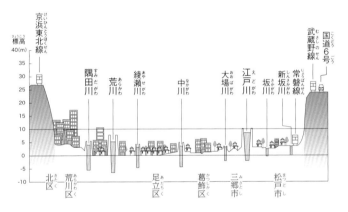

【ロンドン】

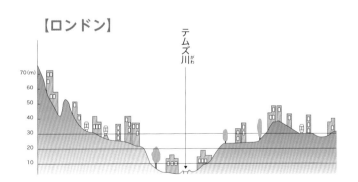

東京のおもな川は、東京湾近くではほとんどすべてが市街地より高いところを流れています。

出典：国土交通省「河川事業概要2006」

プラス ワン ＋1　地下水と地盤沈下

くみ上げによって地下水位が下がると、砂れき層など、地下水で満たされた帯水層と呼ばれる地層の水圧が下がります。すると、その上にある粘土層にふくまれる水が帯水層にしみ出し、粘土層が収縮します。

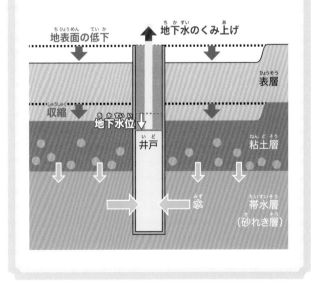

17

川が原因の水害

ふだんの川の姿を見ても気にしませんが、川は少しずつ姿を変えています。川による水害を知るために、まず、川とはどういうものかを確認しましょう。

川と私たちの暮らし

雨水や雪どけ水が集まり、1つの流れになったものが川です。河川とも呼ばれます。ほとんどの川は、下流に向かうにつれて大小の川が合流していきます。このうち大きな川を本流、小さな川を支流といいます。逆に、本流から分かれた川は分流です。川は水源としても利用されるほか、魚や動植物を育み、船を使った人やものの運搬にも使われます。私たちの生活になくてはならないものです。

川の部分の名前

変化する河川の姿

人に恵みをもたらす一方で、川はときに姿を変えておそいかかってくることもあります。

川の水量は一定ではなく、梅雨や台風などのときに雨が集中して降ると、いっきに増えます。たとえば利根川では、洪水のときは水量が平常時の100倍近くに増えるといわれます。水が堤防をこえてしまうこともあります。こういった川の状態を表す言葉には、増水、越流、氾濫、洪水、浸水などがあります。

水があふれ出すと、人や動植物を傷つけるのはもちろんですが、建物や道路、農地など水につかったすべてのものに影響をおよぼします。

水量の変化

【通常】

【氾濫時】

平成5年（1993年）台風11号による東京・神田川の氾濫
提供：ともに国土交通省

・川の状態を表す言葉・

- **増水**
雨や雪どけ水などによって川の水量が増えることです。川の水位（水面の高さ）が上がります。

- **越流**
水が堤防をこえることです。

- **氾濫**
川などの水があふれ広がることです。

- **洪水**
川が異常なほど増水し、氾濫することによって起こる災害です。

- **浸水**
氾濫によって住宅などが水につかることです。

- **冠水**
氾濫によって田畑や道路が水につかることです。

浸水　越流　堤防

平成30年（2018年）7月豪雨による愛媛県大洲市・肱川の氾濫
提供：国土交通省

水害の種類

日本では毎年のように水害によって大きな被害が出ています。どのようなそなえが必要かを考えるためにも、おもな水害による被害を確認しましょう。

洪水

洪水が発生すると、水の力によって建物や田畑、道路などが押し流されます。人の命が危険にさらされることになりますし、道路や鉄道が流されると、被害があった場所に食料などの支援物資を届けるのが困難になります。また、水道や電気、都市ガスが止まってしまうことも考えられます。

平成29年（2017年）7月 九州北部豪雨による被害
大きな河川で洪水が起こると、死者が数百人にのぼることもあります。
提供：国土交通省

浸水

建物がこわれなくても、浸水による被害は発生します。電子機器は水に弱いため、建物や電車などを管理している機器がこわれて止まることもあります。建物は土砂などでよごれるため、ふたたび使えるようになるまでに長い時間が必要です。また、川があふれなくても浸水が起こる場合があります（→24ページ）。

平成29年（2017年）台風第21号による京都市の浸水
低い土地の場合、浸水被害は長期化します。よごれた水が病気の原因になるおそれもあります。
提供：国土交通省

土砂災害

近くに大きな川が流れていなくても、安心はできません。大雨によって地面がゆるむと、土砂災害の危険があるからです。土砂災害とは、土砂（石や土、砂など）が動くことによって起こる災害です。大きく「がけくずれ」「地すべり」「土石流」の3つに分かれます（→50ページ）。

平成22年（2010年）7月の梅雨前線による大雨がもたらした鹿児島県さつま町の被害　提供：国土交通省

がけくずれ

急な斜面がくずれ落ちることです。いっきにくずれるため、逃げる時間がほとんどなく、人命にかかわることが多い災害です。

地すべり

斜面の一部が少しずつ下にすべる現象です。被害が広い範囲におよびます。

平成29年（2017年）7月九州北部豪雨による大分県日田市の被害
提供：国土交通省

土石流

くずれた土砂が雨水などと一緒になっていっきに流れ出すことで起こる災害です。勢いが強いため、大きな被害をもたらします。

平成28年（2016年）台風第16号による鹿児島県垂水市の被害
提供：国土交通省

プラス ワン +1 高潮

台風や低気圧は中心に向かって空気を吸い上げています。海面も吸い上げられ、同時に強い風にふきよせられることで、海岸近くで高い潮位が発生します。これが高潮です。高潮の際には、河口から川の水が海に流れず、いつもより少ない雨量で洪水が起こる危険があります。

平成30年（2018年）台風第21号の高潮によって水位が上がった大阪府大阪市の淀川（淀川大堰）　提供：国土交通省近畿地方整備局

堤防決壊のメカニズム

川があふれないようにするために、堤防は必要です。しかし、堤防があればそれで安全というわけではありません。堤防への正しい理解が必要です。

平成27年（2015年）9月関東・東北豪雨によって決壊した茨城県常総市・鬼怒川の堤防　提供：国土交通省関東地方整備局

堤防があるからこその危険

水害から身を守るいちばんの方法は逃げることです。しかし、堤防が高性能化し、たまにしか水害が起こらなくなったこともあってか、警報などが出ているのに逃げないという人も増えています。川の水が越流する場合もありますし、堤防の種類によっては決壊する危険もあります。ひとたび堤防が決壊すれば、都市には内水氾濫（→24ページ）を上回る、きわめて大きな被害が出ることになります。

決壊のプロセス

堤防決壊のプロセスには右の図のように３つあります。とくに決壊に注意しなければならないのは、堤内地（→24ページ）側の斜面がコンクリートでおおわれていない堤防です。こういった堤防の場合、少しでも越流が起これば、土の斜面がけずられ、あっという間に決壊します。しかし残念ながら、全面がコンクリートでおおわれた堤防より、おおわれていない堤防のほうがはるかに多く設置されているのが現状です。

プラス ワン +1 進化する堤防

堤防決壊の危険を減らすために、スーパー堤防という、とても幅の広い堤防が考案され、首都圏の利根川・江戸川・荒川、大阪の淀川などで計画され、一部は完成しています。越流や浸透でくずれにくいのが強みですが、予算などの問題からあまり進んでいません。

> 堤防の上は、公園などとして使うことができるようになります。通常の街として利用することもできます。

> 堤内地側は、ゆるやかに下っており、越流が起こっても水がゆっくり流れるため、被害が少なくなります。

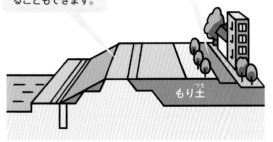

もり土

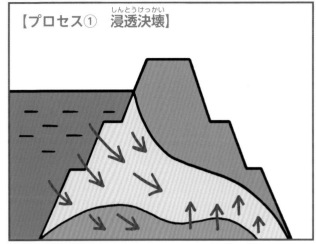

【プロセス①　浸透決壊】

河川の水が堤防内に染みこんでいき、堤防が弱くなってくずれます。

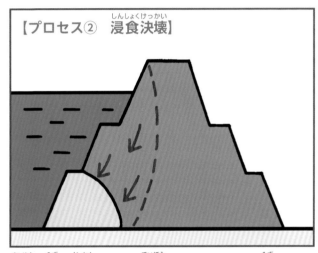

【プロセス②　浸食決壊】

河川の水が時間をかけて堤防をけずり、そこに水が入りこんでくずれます。

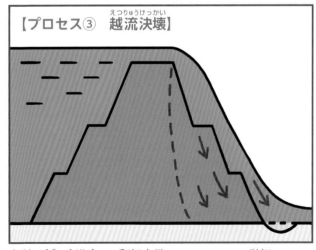

【プロセス③　越流決壊】

河川の水が越流し、堤内地側をけずることで全体が弱くなりくずれます。

23

都市の水害

浸水被害が起こるのは、川の水があふれた場合だけではありません。下水道で処理しきれなくなった雨水が氾濫する場合も考えておく必要があります。

洪水被害の半分は内水氾濫

堤防によって洪水から守られている土地を堤内地といい、堤防の外側（川側）を堤外地といいます。川の水が堤防をこえて堤内地にあふれ出すのが外水氾濫で、堤内地に降った雨水が川に流れずあふれるのが内水氾濫です。全国の洪水被害（外水氾濫、内水氾濫）の被害額のうち、半分ほどは内水氾濫によるものですが、東京都では約80％が内水氾濫によるものです。ゲリラ豪雨の影響もあり、内水氾濫対策はより大切になってきています。

内水氾濫

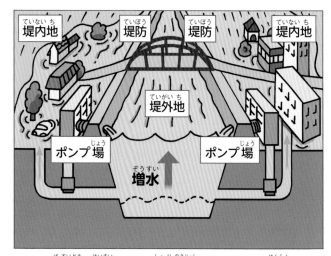

下水道や排水ポンプの処理能力をこえることで氾濫が起こります。川の水位が上がると水が逆流して内水氾濫が起こることもあります。

平成30年（2018年）7月豪雨による広島県福山市の内水氾濫

平成30年（2018年）7月豪雨による福岡県筑紫野市の内水氾濫
提供：ともに国土交通省

地下鉄や地下街への浸水

　東京や大阪が代表的ですが、日本の都市には地下鉄や地下街がはりめぐらされています。しかも、地下鉄や地下街は昔から発展していた市街地での工事が難しかった歴史があるため、もとは湿地だった埋立地ほどよく見られます。氾濫が起こって水が地下に入りこむと、地下空間を通っていっきに被害が広がっていく可能性があります。

東京の地下鉄網

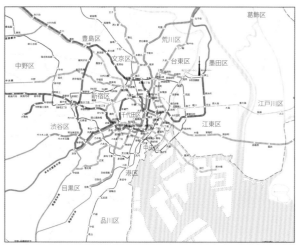

東京駅をはじめとして、地下鉄は海浜部の低地にとくに集中しています。　©TAKEZOU/PIXTA（ピクスタ）

平成15年（2003年）7月九州北部の豪雨による福岡市営地下鉄博多駅への浸水　提供：国土交通省

平成25年（2013年）台風第18号による京都市営地下鉄東西線への浸水　提供：京都市交通局

プラス ワン +1　あと回しにされる下水道整備

　内水氾濫への対策として最も効果的なのが下水道の整備です。しかし、処理できる量を現状より増やすためには、地下のポンプを太くするなど、新しく設備をつくるのと同じくらいのお金がかかるので、大きな被害が発生するまで、あと回しにされがちです。

下水道でもう1つ大きな問題が、大雨が降ると汚水の一部が雨水と一緒に川や海に流れ出す合流式下水道が多く残っていることです。

合流式下水道のしくみ

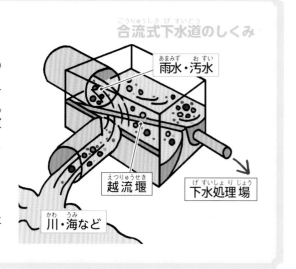

雨水・汚水

越流堰

下水処理場

川・海など

治水とは？

水害をすべて防ぐことはできません。しかし、少しでも被害を軽くするために、堤防以外にも多くの対策がとられてきました。

水害との戦い

水が害をおよぼさないようにし、同時に利用しやすいように調整することを治水といいます。古代から現代にいたるまで、水とよりよく付き合っていくために、さまざまな対策がとられてきました。堤防はそのなかでも代表的なものの1つです。

日本では100〜200年に一度の確率で起こる大雨を想定して治水が行われています。十分な対策に思えるかもしれませんが、温暖化やゲリラ豪雨の多発など、予期せぬ事態が増えている現状では、完璧とはいえません。いちばん大切なのは、国や自治体任せではなく、自分の身は自分で守るという意識です。

山形県での治水工事のようす
提供：国土交通省東北地方整備局山形河川国道事務所

治水のおもな方法

【掘削】

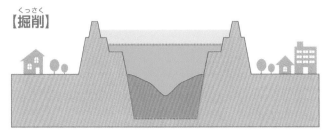

川底を深く掘り下げて、水位を下げる方法です。

【かさ上げ】

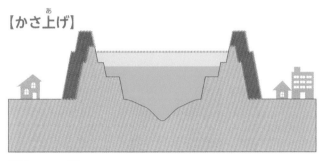

堤防をさらに高くすることです。

【遊水地(遊水池)】

洪水時越流 ↓

農業地・公園など

洪水時に一時的に川の水を引きこむ場所をつくり、水量を調節します。

【ダム】

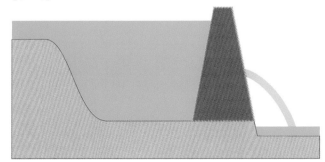

川の水を上流でせき止めて、水量を調節します。施設の高さが15m未満のものは堰と呼びます。

【築堤】

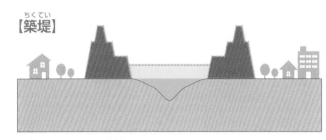

堤防をつくることを築堤といいます。

【引堤】

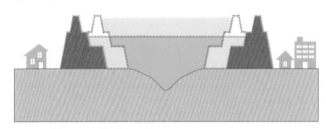

堤防を移動させ、堤防の間を広げることです。

【調整池】

洪水時越流 ↓

貯水池としても利用

遊水地のうち、ほかの用途にも使われるもののことです。貯水池などとして使われます。

【放水路】

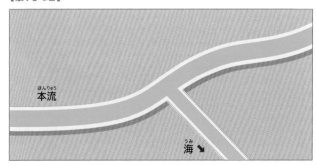

本流

海 ↘

人工の水路をつくって、海などへ水を放出することで水量を調節します。

27

治水の歴史

人の歴史と治水には、切っても切れない深い関係があります。今から4000年前ごろのエジプトでは、すでに治水が行われていました。

日本でも古墳時代にはすでに堤防をつくるなどの治水工事が行われていた記録が残っています。とくにさかんに行われるようになったのは、戦国時代以降です。たとえば、日本を統一した豊臣秀吉は、大坂（現在の大阪府）などを流れる淀川の左岸に大規模な堤防をつくりました。また、江戸時代の初期には、利根川の流路を大きく東に動かす事業が行われました。戦国時代までの利根川は江戸湾（現在の東京湾）に流れこんでいたのです。

江戸時代の治水のなかで特徴的なものが、岐阜県を流れる木曽川などに見られる輪中です。川の中州に、堤防で囲まれた町がつくられています。中州に住むようになった人びとが、生活を守るために堤防をつくっていった結果できあがった、おもしろい地形です。

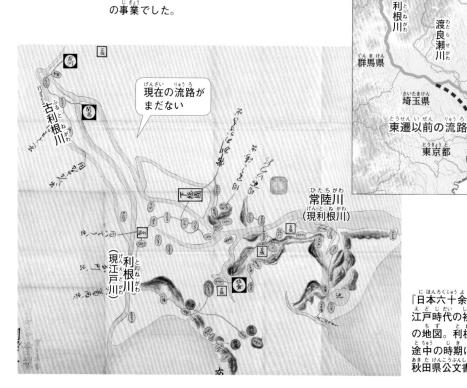

利根川の流れを変えた「利根川東遷」は、江戸の水害対策と船を使った人やものの移動をしやすくするための事業でした。

現在の流路がまだない

常陸川（現利根川）

古利根川

関宿

利根川（現江戸川）

栃木県
利根川
渡良瀬川
鬼怒川
小貝川
群馬県
茨城県
埼玉県
現在の流路
東遷以前の流路
東京都
江戸川
千葉県

『日本六十余州国々切絵図』下総国
江戸時代の初期、1633〜35年ごろの地図。利根川の流路を変えている途中の時期にあたります。
秋田県公文書館所蔵

第2章
水害にそなえよう！

日本の気象と降水量

日本国内においても、雨がよく降る地域とあまり降らない地域があります。この差はどこからくるのでしょうか。また、地域によって雨の降り方にも特徴があります。

雨が多いのはどこ？

南北に長い日本は、北の北海道と南の沖縄では気候の差が大きく、降水量にもばらつきがあります。また、季節風の影響で、太平洋側は夏に雨が降りやすく、日本海側は冬に雨や雪が降りやすいというちがいがあります。

図は、おもな観測地点の年間降水量が多かった記録と少なかった記録をくらべて、それぞれ第4位までを示したものです。自分が住んでいる地域の年間降水量はどれくらいでしょうか？　一度調べてみましょう。

出典：国立天文台『理科年表 2017』「降水量の多い値、少ない値（統計開始から2015年まで）」

※小数第一位で四捨五入

雨が少ない記録 第2位
北海道 網走市
545mm（1905年）

雨が少ない記録 第1位
北海道 帯広市
477mm（2008年）

雨が少ない記録 第3位
長野県 長野市
556mm（1994年）

雨が少ない記録 第4位
長野県 松本市
578mm（1926年）

雨が多い記録 第3位
高知県 高知市
4383mm（1998年）

雨が多い記録 第1位
三重県 尾鷲市
6175mm（1954年）

雨が多い記録 第4位
鹿児島県 名瀬市（現在の奄美市）
4430mm（1959年）

雨が多い記録 第2位
東京都 八丈町（八丈島）
4889mm（1910年）

地形と降水量

　三重県尾鷲市は日本有数の多雨地帯です。「尾鷲の雨は下から降る」という言葉がありますが、これは「あまりにも激しい雨が降るので、地面から雨がはね返ってくる」状況を表しているそうです。熊野灘に面した尾鷲市には勾配が急な紀伊山地があるため、海風がふくと暖かく湿った空気が紀伊山地の山肌をのぼって冷やされ、雨が降ります。

　いっぽう、北海道帯広市の雨が少ない理由としては、北海道は梅雨や台風の影響を受けにくいことがあげられます。また、帯広市は十勝平野の中心にあり、海からの湿った空気の影響が少なく湿度が低いことも理由です。

　このように、地形と降水量には深い関係があります。ただし、年間降水量は少なくても、季節によって多くの雨が降る地域、雨が降る時間が長い地域、短時間に大量の雨が降る地域など、それぞれの特徴があるので、水害へのそなえは必要です。

季節によって降水量はちがう

　日本の各地域の1カ月平均降水量を見ると、地域ごとに季節によって降る雨の量がちがうことがわかります。下のグラフは東京と金沢市（石川県）、那覇市（沖縄県）の1カ月平均降水量を比較したものです。金沢市は冬によく雪が降るので、11〜1月の降水量が多くなっています。那覇市は梅雨と台風の時期に降水量が多くなっています。

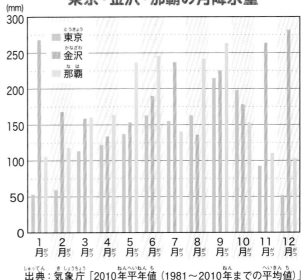

東京・金沢・那覇の月降水量

出典：気象庁「2010年平年値（1981〜2010年までの平均値）」

プラス ワン +1 一度に降る雨の量が多い地域もある！

　日本国内で1時間降水量が最も多かった記録は、昭和57年（1982年）7月豪雨時の長崎県西彼杵郡長与町の187mmです。1時間あたり187mmの降水とは、1m²の範囲に187L（ドラム缶1本弱）の雨が降り注ぐ強さです。35ページで紹介する気象庁の分類で最も上の表現、「猛烈な雨」は80mm以上ですが、その倍以上の激しさがあったことになります。

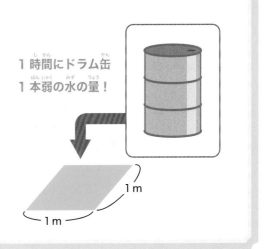

1時間にドラム缶1本弱の水の量！

1m　1m

台風情報の見方

気象庁が発表する台風情報には、規模、強さ、進路などさまざまなものがあります。
言葉の意味を知っておくと、自分がとるべき行動がわかりやすくなります。

風がふく範囲と強さ

台風関連のニュースでよく聞く「大型」「超大型」は、右の図のように強風域の広さ（半径）によって決まっています。強風域とは、平均風速*が毎秒15m以上の風がふいている、もしくはふく可能性がある範囲のことです。強風域が半径500km以上800km未満なら大型、半径800km以上なら超大型になります。

「強い」「非常に強い」「猛烈な」など台風の強さを表す言葉は、最大風速によって決められています。最大風速とは、平均風速の最大値を指します。また、風速計の0.25秒ごとの測定値の3秒間平均値を瞬間風速といい、その最大値を最大瞬間風速といいます。

台風の大きさ

🌀 大型……半径 500km 以上 800km 未満

🌀 超大型……半径 800km 以上

台風の強さ

表現	最大風速	状態
強い	毎秒33m以上毎秒44m未満	・立っていられない ・かさがさせない ・小石が飛んでくる
非常に強い	毎秒44m以上毎秒54m未満	・人が飛ばされる ・トラックが横転する
猛烈な	毎秒54m以上	・木や電柱がたおれる ・鉄塔が曲がることがある

＊平均風速：地上10mの高さでの10分間平均の風速のこと。単に「風速」という場合、この平均風速を表します。

台風の進路

台風○号	○○日○時現在
大きさ	大型・強い
進路	北北西 15km
中心気圧	955hPa
最大風速	30m/s
最大瞬間風速	45m/s

暴風警戒域
予報円
○日21時
○日18時
○日15時
○日12時
○日9時
強風域
暴風域

台風情報では、上のような予想進路図がよく示されます。赤色の太実線の円は、平均風速が毎秒25m以上の風がふいているか、ふく可能性がある暴風域を、黄色の実線の円は強風域を示します。また、白色の破線の円は予報円で、台風の中心が約70％の確率で来ると予想される範囲、暴風警戒域は、5日後までに暴風域に入るおそれのある範囲です。

ヘクトパスカルって何？

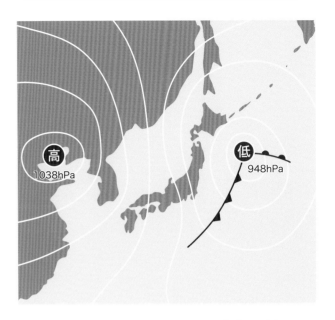

高
1038hPa

低
948hPa

「ヘクトパスカル（hPa）」は気圧の単位です。台風は中心気圧と周囲の気圧との差が大きいほど多くの風が流れこむので、巨大化していきます。そのため、中心気圧が低い台風は勢力が強いという1つの目安になります。過去に日本上陸時の中心気圧がいちばん低かった台風は、1934年に高知県室戸岬に上陸した室戸台風で、912hPaでした。

プラス ワン +1 台風の番号はどうやってつけている？

「台風第○号」といった台風の番号は、毎年1月1日以後、最初に発生した台風を第1号とし、気象庁が発生順につけています。また、大きな災害をもたらした台風は、後世に伝える観点から特別に名称をつけています。つけ方は原則として「元号年＋被害が大きかった地域・河川名＋台風」です。2019年の台風第19号には、1977年の「沖永良部台風」以来42年ぶりに、「令和元年東日本台風」という名前がつけられました。

ひまわり8号
東京

台風19号	
10月9日	15時
大きさ	大型
勢力	猛烈
中心気圧	915hPa
最大風速	55m/s
最大瞬間風速	75m/s
進行方向	北北西
進行速度	15km/h

明瞭な"眼"

tenki.jp

画像提供：日本気象協会tenki.jp

大雨に関する天気予報の用語

天気予報で使われている「強い雨」や「猛烈な雨」はどれくらいの雨量なのでしょうか。 雨量がイメージできると、とるべき行動を選びやすくなります。

最新情報を確認して行動しよう

天気予報では、雨の強さと降り方について35ページの図のような用語が気象庁によって定められ、使われています。たとえば、人の受けるイメージとして、「やや強い雨」は「ザーザーと降る」、「強い雨」は「どしゃ降り」、「激しい雨」は「バケツをひっくり返したように降る」です。

また、気象庁が発表する大雨に関する注意報、警報には下の表のような基準があります。
ただし、発表基準は発表区域（原則は市町村）ごとに決められています。これは、地域によって地形や排水の状況が異なるからです。
大雨が降っているときは最新情報に注意し、状況によっては避難することを考えましょう。

大雨に関する気象庁の注意報・警報

気象情報	内容
洪水注意報	河川の上流域での大雨や融雪によって下流で生じる増水により洪水害が発生するおそれがあると予想されたときに発表される。対象となる洪水害として、河川の増水および堤防の損傷、並びにこれらによる浸水害があげられる。
洪水警報	河川の上流域での大雨や融雪によって下流で生じる増水や氾濫により重大な洪水害が発生するおそれがあると予想されたときに発表される。対象となる重大な洪水害として、河川の増水・氾濫および堤防の損傷・決壊、並びにこれらによる重大な浸水害があげられる。
大雨注意報	大雨による土砂災害や浸水害が発生するおそれがあると予想されたときに発表される。雨が止んでも、土砂災害等のおそれが残っている場合には発表が継続される。
大雨警報	大雨による重大な土砂災害や浸水害が発生するおそれがあると予想されたときに発表される。とくに警戒すべき事項を標題に明示して「大雨警報（土砂災害）」、「大雨警報（浸水害）」または「大雨警報（土砂災害、浸水害）」のように発表される。雨が止んでも重大な土砂災害等のおそれが残っている場合には発表が継続される。
大雨特別警報	台風や集中豪雨により数十年に一度の降雨量となる大雨が予想される場合、若しくは、数十年に一度の強度の台風や同程度の温帯低気圧により大雨になると予想される場合に発表される。大雨特別警報が発表された場合、重大な土砂災害や浸水害が発生するおそれが著しく大きい状況が予想される。

雨の強さと降り方

1時間雨量は、「○○mmの雨」などの表現で発表されます。これは、降った雨がどこにも流れずに1時間たまった場合の水の深さを表しています。1m²に100mmの雨が降ると、水の量は100Lになります。気象庁では、天気予報などで用いる雨の強さと降り方を表す用語を以下のような基準で定めています。

雨の強さと降り方を表す気象庁の用語

予報用語	やや強い雨	強い雨	激しい雨	非常に激しい雨	猛烈な雨
1時間雨量(mm)	10以上〜20未満	20以上〜30未満	30以上〜50未満	50以上〜80未満	80以上〜
人の受けるイメージ	ザーザーと降る	どしゃ降り	バケツをひっくり返したように降る	滝のように降る（ゴーゴーと降り続く）	息苦しくなるような圧迫感がある。恐怖を感ずる
人への影響	地面からのはね返りで足元がぬれる	傘をさしていてもぬれる		傘はまったく役に立たなくなる	

プラス ワン +1 「ゲリラ豪雨」の雨量はどれくらい？

「ゲリラ豪雨」はマスコミから生まれた言葉のため、雨量の定義はありません。せまい場所で短時間に大量に降る雨のことで、気象庁では「局地的大雨」「集中豪雨」という用語を使っています。その定義では、局地的大雨は数十分ほどでせまい範囲に数十mm程度の雨量、集中豪雨は同じような場所で数時間に100〜数百mmの雨量をもたらす雨になります。

ハザードマップを確認しよう

ハザードマップは市区町村の広報誌と一緒に配布されているほか、自分で手に入れることもできます。災害の危険がないときから見ておいて、防災に役立てましょう。

ハザードマップとは何か？

ハザードマップとは、事前に災害を予測して、危険な場所や範囲などを色や記号で表した地図のことです。市区町村が地域ごとのハザードマップをつくり、市役所や公民館などで配布しています。市区町村のホームページで確認したり、ダウンロードしたりすることもできます。

また、国土交通省の「ハザードマップポータルサイト」から「わがまちハザードマップ」を使って自分が住む地域のハザードマップを探すこともできます。

ただ、災害が起こると、停電によってパソコンでハザードマップを見ることができなくなることがあるので、あらかじめプリントするなどし、避難場所や避難経路を確認しておきましょう。

・ハザードマップの使い方・

❶ まず、地図のなかで自分の家がどこにあるかを確認します。

❷ その場所の浸水がどれほどになるかを確認します。「浸水の深さの目安」で示されている色分けを確認しましょう。0.5～1mの浸水で、大人の腰までつかる程度です。

❸ 避難場所を確認します。

❹ 自宅から避難場所までの安全な避難経路を確認します。

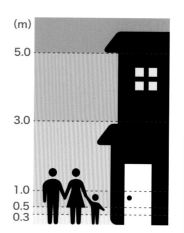

プラス ワン +1 覚えておきたい！ 洪水関連のマークや標識

街中にはさまざま防災マークが表示されているので、ふだんから注意して見ておきましょう。
国土交通省の定める洪水関連のマークには「洪水」「避難所（建物）」「堤防」の3つがあります。

その地域が洪水の影響を受ける可能性がある地域であることを示す。
洪水

災害時の避難先となる安全な建物を示す。
避難所

その地域が堤防によって浸水から守られている（河川の氾濫時は浸水する可能性がある）地域であることを示す。
堤防

画像提供：国土交通省

〔例：東京都墨田区の水害ハザードマップ〕　出典：墨田区水害ハザードマップ

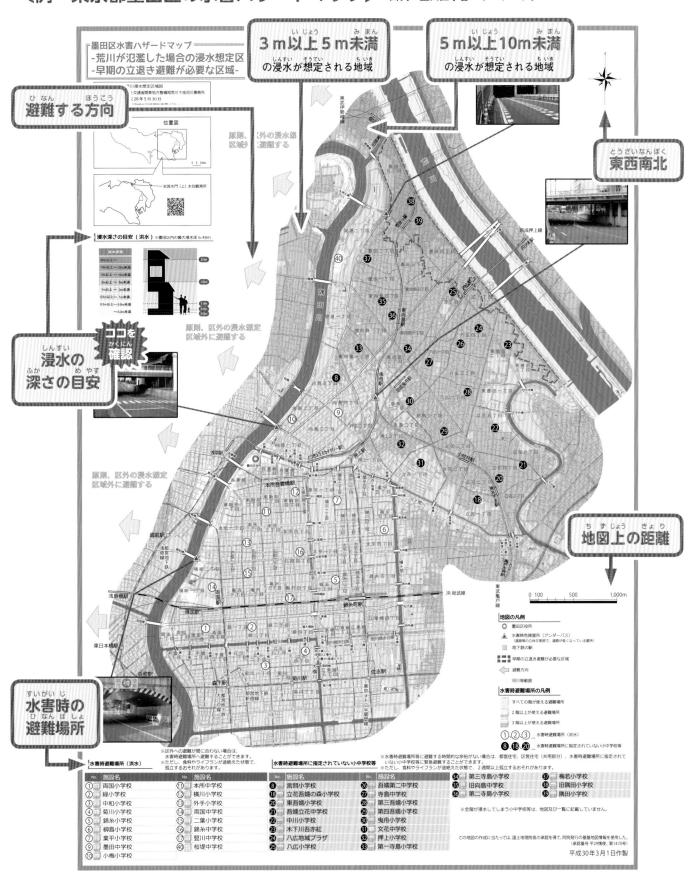

3m以上5m未満の浸水が想定される地域

5m以上10m未満の浸水が想定される地域

避難する方向

東西南北

浸水の深さの目安

地図上の距離

水害時の避難場所

墨田区水害ハザードマップ
-荒川が氾濫した場合の浸水想定区-
-早期の立退き避難が必要な区域-

浸水深さの目安（洪水）※墨田区内の最大浸水深 6.48m

ココをかくにん確認

原則、区外の浸水想定区域外に避難する

No.	施設名		No.	施設名		No.	施設名		No.	施設名		No.	施設名
①	両国小学校		⑪	本所中学校		⑧	言問小学校		㉖	吾嬬第二中学校		㉞	第三寺島小学校		㊲	梅若小学校
②	緑小学校		⑫	横川小学校		⑱	立花吾嬬の森小学校		㉗	寺島中学校		㉟	旧向島中学校		㊳	旧隅田小学校
③	中和小学校		⑬	外手小学校		⑳	東吾嬬小学校		㉘	第三吾嬬小学校		㊱	第二寺島小学校		㊴	隅田小学校
④	菊川小学校		⑭	両国中学校		㉑	吾嬬立花中学校		㉙	第四吾嬬小学校						
⑤	錦糸小学校		⑮	二葉小学校		㉒	中川小学校		㉚	曳舟小学校						
⑥	柳島小学校		⑯	錦糸中学校		㉓	木下川吾赤紅		㉛	文花中学校						
⑦	業平小学校		⑰	竪川中学校		㉔	八広地域プラザ		㉜	押上小学校						
⑨	墨田小学校		㊵	桜堤中学校		㉕	八広小学校		㉝	第一寺島小学校						
⑩	小梅小学校													

平成30年3月1日作製

事前に防災会議をしておこう

災害時は安否確認の電話が増え、回線が混雑して電話がつながりにくくなります。
家族で連絡する手段を事前に話し合っておきましょう。

【集合する場所】

はなればなれになっているときに避難指示が
出る状況を想定し、集合場所を決めておきます。ハザードマップを参考に確認しておきましょう。

家族で連絡方法を
決めておこう

【伝言メモを残す方法】

ホワイトボードなどを設置し、ふだんから
外出先を家族で共有できるようにしておくか、「ドアにメモをはる」など、伝言メモを残す場所を決めておきましょう。

おじさんが
むかえに
来てくれるからね

【いざとなったときにたよる人】

親せきや知人など、災害時にたよる人を家族で話し合って
おきましょう。家族の連絡の中継地点にもなります。

つながらなかったら
171に
録音しておくからね

171のとうろくばんごう
ママ（ケータイ）
000-0000-0000
パパ（ケータイ）
×××-××××-××××
たけし・みき（いえのでんわ）
△△△-△△△-△△△△

【災害用伝言ダイヤルを使う】

災害用伝言ダイヤルは、電話を使って音声による伝言を残
すサービスのこと。使い方を確認しておきましょう。

災害用伝言ダイヤルの使い方

　いちばん有名な無料の災害用伝言ダイヤルは、NTTが災害発生時に提供している「171」です。「171」に電話をかけて、自分の音声メッセージを残したり、相手が録音したメッセージを聞いたりすることができます。録音は1伝言につき30秒以内で、1～20伝言。運用期間終了まで保存されます。

〔利用の仕方〕

❶「171」に電話をかける

❷ 録音するには「1」、メッセージを聞くには「2」をダイヤル

❸ 電話番号を市外局番からダイヤル
　※携帯電話の電話番号でも可能

❹ 伝言を録音（または再生）

家の電話番号で自分の安否の伝言を**録音**	家の電話番号で子どもの安否の伝言を**確認**
（例）171-1-0●●●-●●-●●●●	（例）171-2-0●●●-●●-●●●●

母の携帯電話の番号で母の伝言を**確認**	母の携帯電話の番号で母の伝言を**録音**
（例）171-2-090-●●●●-●●●●	（例）171-1-090-●●●●-●●●●

・伝言を録音するときのポイント・

❶ **何を録音するかをまとめて、紙に書いておく**

1、名前　　　　　　　2、どこにいるか
3、ケガなどはないか　4、だれといるか

> 例　太郎です。今、●●小学校の避難所にいます。ケガはありません。おばあちゃんと一緒にいます。

❷ **大きな声でしゃべる**
災害時の人混みのなかで電話をしている場合は、メッセージが聞き取れない可能性もあるので、大きな声で録音しましょう。

❸ **失敗してもやりなおしできる**
録音時間は30秒なので、録音が途中で終わることがあるかもしれませんが、許容件数まではやりなおせます。

・体験利用日・

「171」は年に数回、体験利用できる日があるので、家族で練習しておきましょう。20伝言まで録音することができます。

・毎月1日と15日（00:00～24:00）
・お正月　1月1日 0:00～1月3日 24:00
・防災週間　8月30日 9:00～9月5日 17:00
・防災とボランティア週間
　1月15日 9:00～1月21日 17:00

プラス ワン +1　公衆電話やSNSは災害時にたよりになる！

　災害時は回線が混雑して家の電話が使えなくなることがありますが、街のなかや駅にある公衆電話は使えます。「災害時優先電話」に指定されているからです。また、停電していても、公衆電話には別のルートで電気が送られるため、硬貨（10円玉か100円玉）があれば利用できます。通話が終われば硬貨は自動的に戻ります。また、災害用伝言ダイヤルが使えないときは、スマートフォンで使えるLINEなどのSNSが有効です。

避難所には無料で利用できる災害用公衆電話が設置されることがあります。
画像提供：(公財)日本公衆電話会

避難するときの服装

いざ逃げるとき、どんな服装で何をもっていけばよいのでしょうか。ふだんの雨の日とは異なるポイントもあるので押さえておきましょう。

ぬげない、すべらないものを選ぶ

雨のなかを避難する場合、傘をさし、長ぐつをはいて逃げることを考えがちです。しかし、水害のときはどちらもNGです。すでに道路が冠水しているときは、水のなかを歩くと危険なので、垂直避難（→46ページ）が基本です。

もし、どうしても冠水してから逃げる場合は、足下が見えにくく転びやすくなるので、両手を空けておきましょう。足下をさぐる棒や杖がわりに傘をもつほうがよい場合もあります。くつは水が入っても歩きやすいスニーカーがベストです。長ぐつは水が入ると歩きづらくなるのでさけましょう（→48ページ）。

長ずぼん
流れてきたもので足をケガすることがあるので、夏でも長ずぼんで肌を守るようにしましょう。

厚底タイプのスニーカー
冠水すると足下が見えづらくなり、割れたガラスなどをふむこともあるので、厚底のものがベストです。

＊リュックサックにとらわれて逃げ遅れるより、状況によっては避難所に行くことを優先させましょう。

ぼうし、ヘルメット
風が強い場合は、木の枝や小石が飛んでくることがあります。雨具のフードをぼうしの上からかぶってもよいでしょう。

レインウェア
上下に分かれたレインウェアが理想です。レインコートは動きづらく、強風ではだけることもあるので避難には不向きです。

てぶくろ
転んで手をついたときにケガをしないように、てぶくろをしましょう。ゴム製の軍手でも大丈夫です。

リュックサック＊
かばんは手さげタイプのものより、両手が空くリュックサック（できれば防水仕様）に。荷物はできるだけ軽くします。

あると安心
ライフジャケット
「河川や海が近くにない」という地域でも油断は禁物。豪雨があった場合、あっという間に水かさが背丈をこえることもあるので、ライフジャケットを着て避難するとより安全です。

非常もち出しリュックを用意しよう

　水害が起こったとき、スムーズに避難するためにもち出す荷物をまとめて用意しておきましょう。自分の命を守るために、本当に必要なものは人によってちがいます。たとえば、視力が弱い人はメガネが必要ですし、薬が必要な人もいるでしょう。食物アレルギーがある人は、食べられないものがひと目でわかるように書いたプレートを用意しておくなど、ふだんからの準備が必要です。

水害時の必需品は防水ケース

　水害のときは、かわいたタオルや着替えがあるかどうかが生死を分けることがあります。ぬれたままでいると、避難所でかぜなどの病気にかかることがあるからです。着替えやタオル、電子機器は、防水ケースやチャック付きのビニールぶくろに入れておきましょう。

・リュックサックに入れておくものの例・

荷物を入れすぎて重くしないように気をつけましょう。

☐ **ひもつき防水ライト**
ライトは夜に避難する場合に必要です。防水のものを選びましょう。

☐ **飲み物と食料**
避難所の水道が断水している場合があるので、500mLのペットボトル1本は用意しておきましょう。チョコレートやキャンディーなどの食料も入れておくとよいでしょう。

☐ **着替えやタオル**
避難所にたどり着くまでに服がぬれてしまうので、着替えを用意しておきましょう。大きめのバスタオルがあると、ねるときにも使えます。

☐ **簡易トイレ**
避難所のトイレが混雑して使えないことも想定し、簡易トイレをもっておくと安心です。

☐ **自分にとって大切なもの**＊
メガネや薬など、自分の命を守るために必要なものを、家族と話し合っておきましょう。

プラス ワン +1 リュックサックは寝室や玄関の壁面にかけておく

　大事なものだからといって、避難用のリュックサックを押入れの奥やクローゼットにしまっていると、いざというときにすぐに取り出すことができません。寝室や玄関など、家族がよく使うスペースの壁面にフックなどを付けてかけておくとよいでしょう。置いておくだけでは、地震のときなどはどこかに飛んでいってしまうことがあります。

家族みんなにわかる場所に置こう！

＊子どもにとって本当に必要なメガネや薬は大人のもち出し荷物に入れておきましょう。

食べ物や飲み物を備蓄しておこう

災害後は電気や水道、ガスなどのライフラインが止まることがあります。3日間〜
1週間は生活できるように、生活必需品や食料などを備蓄しておきましょう。

水の確保が最優先

災害時に何より大切なのは、水の確保です。備蓄の目安として、ひとりあたり1日約3Lの飲み水が必要なので、3人家族で3日分であれば27Lの水が必要です。1.5Lのペットボトルなら18本は最低限必要です。さらに、トイレや洗濯など、生活用水としての水も必要になります。災害時はコンビニエンスストアやスーパーマーケットに人が押し寄せ、飲料水や食料はすぐになくなる可能性があるので、ふだんから用意しておきましょう。

レトルト食品　水

缶詰と缶切

食料や飲料

食料は、レトルト食品やインスタント食品、缶詰（プルタイプのもの、場合によっては缶切も必要）、乾パンなどを中心に。水か湯を注ぐだけでごはんが食べられるアルファ米もあると便利です。チョコレートやキャンディーなどの甘いお菓子は疲労回復にも役立ちます。飲料は保存がきくペットボトル入りのものを選びましょう。

甘いお菓子

トイレットペーパー

ラップ

ウェットティッシュ

衛生用品

水が止まると手も洗えなくなるので、ウェットティッシュがあると便利です。また、食べた後のお皿も洗えないのでラップでお皿を包んで食事をし、食事後にラップを捨てるだけにすると便利。簡易トイレや生理用品も忘れずに用意しておきましょう。

薬やばんそうこう

 体験談

避難生活ではビタミンやたんぱく質などの栄養が不足しがち。粉末の青汁や栄養補助食品のストックでなんとかしのぎました。

 体験談

水道が止まってトイレが流れなくなって困りました。簡易トイレの備蓄は必須だと思います！おふろの水も残しておくと何か使えたと思います。

携帯用トイレ

簡易トイレ

生理用品

下着と着替え

生活用品

ガスが止まることを想定し、カセットコンロとガスボンベがあると便利です。電気が止まると夜はまっくらになるので、LEDの懐中電灯と乾電池を用意しておきましょう。レトルトの非常食を食べる際にナイフやはさみも必要になることがあります。

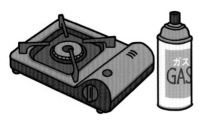
カセットコンロとガスボンベ

ごみぶくろ

ナイフやはさみ

LED懐中電灯と乾電池

貴重品（財布や通帳）

思い出の品

そのほか

災害時、災害後は「二次災害が起こった」「どこで支援物資を支給しているか」などの情報が大切になります。電気が止まるとテレビは見られないので、携帯ラジオやスマートフォンなどを使える状態にしておきましょう。筆記用具とメモ帳、財布や通帳、大切な思い出の品などもいざとなったらもち出せるようにしておきましょう。

携帯ラジオやスマートフォン

筆記用具

プラス ワン
+1 備蓄を使い回す「ローリングストック法」

備蓄用品の非常食は定期的に賞味期限を確認し、期限が近づいたものはふだんの生活で使って活用しましょう。使ったものは、また買ってきて補充します。このように、備蓄を使い回していく方法を「ローリングストック法」と呼びます。食品や飲料だけでなく、薬や使い捨てカイロなども使用期限があるので確認しておきましょう。

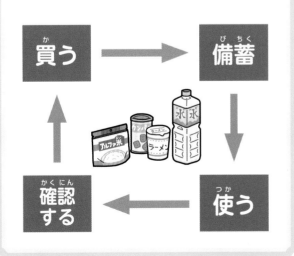

買う → 備蓄 → 使う → 確認する →

第2章 水害にそなえよう！

避難指示が出たらどうする？

避難指示が出ても逃げない人がいますが、最近は想定外の災害も起こっています。
避難指示が出たらすみやかに逃げましょう。命が失われてからでは遅いのです。

避難のタイミングはいつ？

避難指示は、市区町村が気象庁や国土交通省のデータをもとに判断して発令します。避難指示が出たら、すみやかに避難行動をとりましょう。また、避難指示が出ていなくても、場合によっては、周囲の状況から自分で判断して避難することも必要です。

避難行動は早めに開始することが何よりも大切です。逃げるタイミングを見計らっているうちに、災害にあう人がじつに多いのです。「小降りになってから」などとタイミングを待たず、危険を感じたらすぐに避難してください。

気象庁 国土交通省 など
→ 情報 → 市区町村
情報 ↓
住民
避難指示の発令
どうやって市区町村の避難発令が行われるかを確認しておく

プラス ワン +1 **国土交通省の「川の防災情報」サイト**

集中豪雨のときは川の水位が急激に上がり、短時間で氾濫の危険が高まります。そんなときは、川のようすを直接見に行くことは絶対にしないでください。国土交通省が提供している「川の防災情報」サイトで、自分が住んでいる地域のリアルタイムの水位を確認することができます。氾濫警戒情報も提供されているので、身の危険を感じるときは活用しましょう。

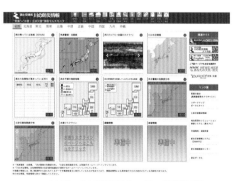

出典：国土交通省「川の防災情報」HP

警戒レベル4で全員避難！

防災情報には5段階の警戒レベルがあります。気象庁などが発表する防災気象情報の「注意報」はレベル2相当、「警報」はレベル3相当で、高齢者や乳幼児など移動に時間のかかる人が危険な場所から避難する目安です。「土砂災害警戒情報」「氾濫危険情報」「高潮特別警報」はレベル4相当で、市区町村から避難指示が出ます。ここまでくると、もう災害の一歩手前のレベルなので、危険な場所から全員が避難しましょう。「大雨特別警報」や「氾濫発生情報」はレベル5で、すでに災害が発生している状況です。命を守るために、より安全な場所に移動しましょう。

危険度	警戒レベル	気象庁などの防災気象情報	とるべき行動
小	1	早期注意情報 など	警報へと発展していくことがあるので、以後の情報に注意しましょう。
	2	大雨注意報 洪水注意報 氾濫注意情報 など	ハザードマップを確認するなど、避難の準備をしておきましょう。
	3	大雨警報 洪水警報 氾濫警戒情報 など	高齢者等避難が市区町村から発表されます。高齢者や障害のある方、乳幼児がいる方などは危険な場所から避難しましょう。
	4	土砂災害警戒情報 氾濫危険情報 高潮特別警報 など	避難指示が市区町村から発令されます。危険な場所から全員が避難しましょう。
大	5	大雨特別警報 氾濫発生情報 など	緊急安全確保が市区町村から発令されます。命を守るためにただちに安全を確保しましょう。

避難するときに気をつけること①

避難所へ移動することを「水平避難」、自宅の2階などへ避難することを「垂直避難」と呼びます。どちらの方法が安全なのかは、状況によって異なります。

情報を確認し、早めに行動する

「避難」という言葉から、避難所へ移動する「水平避難」をイメージする人も多いかもしれません。しかし、過去の災害では、自宅から避難所まで移動している最中に亡くなっている人がたくさんいるのです。すでに道路が冠水し、危険が差しせまっている場合は、自宅や近所のがんじょうな建物の2階以上に避難する「垂直避難」のほうが安全なことがあります。木造の平屋建てが最も危険です。

ただ、自宅の2階に避難していても、大きな土砂災害や洪水では自宅もろとも押し流されることがあるので、状況に応じて判断しなければなりません。大原則としては、避難指示などの情報をしっかりと確認し、外が明るく小雨のうちに早めに避難することです。

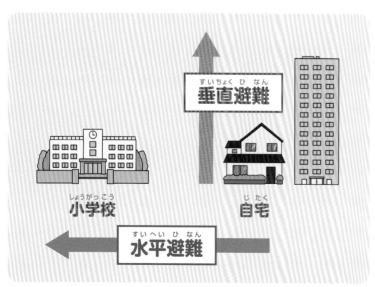

垂直避難

小学校　　　自宅

水平避難

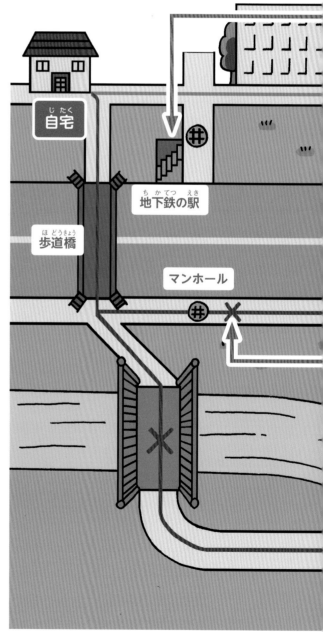

自宅から避難所まで行こう

自宅

歩道橋

地下鉄の駅

マンホール

「水平避難」の経路を確認

水平避難をする場合は、道路の冠水が始まる前の移動を心がけましょう。冠水した道路は、にごった水で足下が見えにくくなるので非常に危険です。

大雨が降ると下水道があふれ、マンホールのふたが外れてしまうこともあります。また、ふだんは気にならないような小さなみぞでも、にごった水で足下が見えないと足がはまって転ぶ危険もあります。

川は増水して氾濫の危険があるので、絶対に近づかないようにしてください。

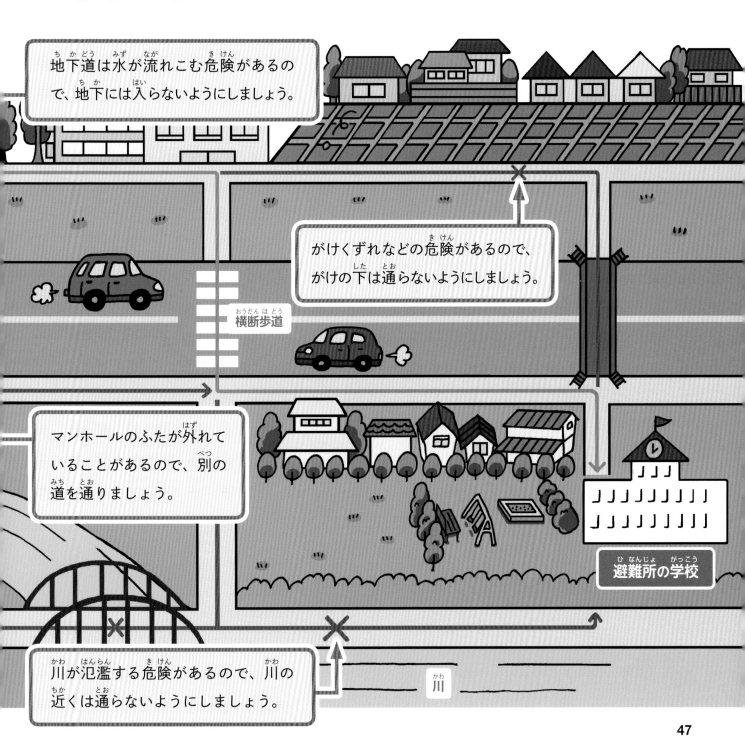

地下道は水が流れこむ危険があるので、地下には入らないようにしましょう。

がけくずれなどの危険があるので、がけの下は通らないようにしましょう。

横断歩道

マンホールのふたが外れていることがあるので、別の道を通りましょう。

避難所の学校

川が氾濫する危険があるので、川の近くは通らないようにしましょう。

川

避難するときに気をつけること②

避難所には、しっかり準備してから移動するようにしましょう。浸水・冠水が始まると、ふだんの生活では考えられないような、さまざまな危険が待ちうけています。

逃げるときは集団で

住宅などへの浸水は川の近くで起こるとは限りません。近年は、ゲリラ豪雨によって排水の限界をこえるほどの雨量になったときや、水はけの悪い場所で起こる内水氾濫（→24ページ）が、年々多くなってきています。

道路が冠水すると、水深30cmでも歩きにくくなります。流れが速い場合は、くるぶしの深さでも危険です。場合によっては、ひと

りですみやかに避難する必要がありますが、基本的には、周囲と声をかけ合って集団で避難しましょう。

家族など数人のグループで逃げる場合は、はぐれないように、おたがいの体をロープやひもで結んでおきます。昼間でも道路が冠水するとにごった水で足下が見えづらくなるので、長い棒（なければ傘）などで確認しながら歩きましょう。

浸水・冠水時に気をつけたいこと

もしも自宅1階の浸水がさけられない状況なら、ぬれると困るものを2階以上へ運び、1階の電気のブレーカーを落としてから避難しましょう。

浸水が起こったときに、地下鉄の駅や地下街にいる場合は、すみやかに地上へ避難します。地上で排水できなくなった水がいっきに流れこむ危険があるからです。

また、2階建て以上の大きな建物にいる場合は、水があふれ出した道路を通って移動するよりは、建物のなかで2階以上に移動するほうが安全です。その際は、浸水によって停電するとエレベーターが動かなくなることがあるので、階段を使って避難するようにしましょう。

ドアが開かなくなる

浸水の水位が30cm以上になると、水圧でドアが開かなくなって閉じこめられる危険があります。

エレベーターは使わない

停電してエレベーターや自動ドアが止まってしまうことがあります。

車での避難は危険*

30cm以上冠水すると、エンジンが停止して車は動かなくなり、水圧でドアも開かなくなるので危険です。

はだしで歩かない

冠水で足下が見えなくなると、割れたビンなどをふむ危険があります。必ずくつをはきましょう。

＊車で避難する際にカーナビゲーションを使うと大変危険です。カーナビでは冠水場所がわからないからです。

土砂災害には前兆がある

土砂災害は、いっしゅんにして人の命や家をうばうおそろしい災害です。それぞれに前兆がありますが、絶対に、危険な場所を見に行ってはいけません。

大雨で地面がゆるくなる

土砂災害は、大雨などで地面がゆるくなることで、山やがけがくずれたり、水と混じりあった土砂や石が川から流れたりする災害のことです。

土砂災害には大きく分けて、「がけくずれ」「地すべり」「土石流」の3つがあります。それぞれの災害には、こういう現象があると起こるかもしれないという前兆があるので、覚えておきましょう。

がけくずれ

がけの斜面が雨水などによってゆるみ、突然、くずれ落ちる現象です。くずれ落ちるまでの時間が短く、逃げ遅れが起こりやすくなります。1階にいて命を落とす人が多いので、平屋に住んでいる人は避難指示が出たらすぐに逃げましょう。

- ☐ **がけにひび割れができる**
- ☐ **小石がパラパラと落ちてくる**
- ☐ **がけから水がわき出る**
- ☐ **地鳴りがする**
- ☐ **がけから何かがくさったようなにおいがする**

前兆

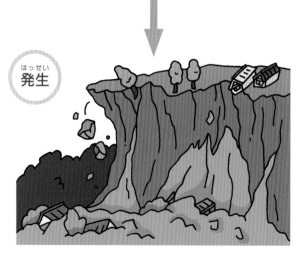

発生

地すべり

雨水や地下水などが、粘土層の上にたまり、そこがすべり面になって、地面がずるずると移動する現象です。長い時間をかけて発生する場合が多く見られます。

- [ ] 地面がひび割れる
- [ ] 井戸や沢の水がにごる
- [ ] 地鳴り・山鳴りがする
- [ ] 樹木がかたむく
- [ ] きれつや段差が発生する

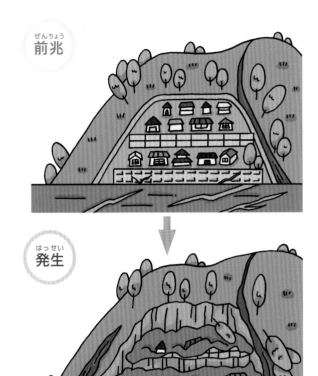

前兆

発生

土石流

豪雨などによって、流れの急な川や谷にたまった大量の土砂や石、木などが、水と混じっていっきに流れ落ちてくる現象です。いっしゅんのうちに人家や畑などを壊滅させることもあります。

- [ ] 山鳴りがする
- [ ] 急に川の水がにごり、流木が混ざり始める
- [ ] くさったなまぐさいにおいがする
- [ ] 雨が続くのに川の水位が下がる
- [ ] 立木がさける音や石がぶつかり合う音が聞こえる

前兆

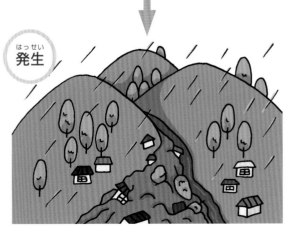

発生

避難所で気をつけること

災害から無事に身を守れたのに、避難所で病気になってしまう人も多くいます。災害後の暮らしを想像しながら、今からできる準備をしていきましょう。

災害後はライフラインが乱れる

電気や水道、ガスなど、生活にとって大切な「ものの流れの道」を「ライフライン」と呼びます。災害後はライフラインが止まることが多く、停電でテレビや電話が使えなくなると、外からの情報も入らなくなってしまいます。

さらに、土砂災害や川の氾濫などで道路や鉄道の線路が通れなくなると、救援物資を運ぶことも難しくなります。このような状況から、避難所でしばらく生活しなければならなくなることもあります。

テレビや電話、照明が使えない

停電すると携帯電話の充電もできなくなり、パソコンも使えなくなるので、情報を集めることもできません。照明やエアコンも使えなくなります。

水道やガスも使えなくなる

水道やガスが止まると、飲み水や料理に困ります。また、水洗トイレを使えなくなり、手を洗うこともおふろに入ることもできなくなります。

公共交通機関が止まる

バスや鉄道などの公共交通機関が止まってしまうと、安全な地域にいる親せきなどの家へ移動することも、救援物資を受け取ることも難しくなります。

避難所で困らないための対策

避難所では、一緒に避難している人に迷惑をかけないように、マナーやルールを守ることがとても大切です。「トイレの数が足りない」などの問題が発生することがありますが、トイレをがまんするとぼうこう炎などの病気を引き起こすことがあります。いっぽうで、「トイレに行きたくならないように」と、水分をひかえると、脱水症状などの危険もあるため、水分補給には気をつけましょう。胃腸炎やかぜなどの病気もうつりやすい状況になるので注意が必要です。

また、避難所によってはペットを受け入れていないことがあります。家族にペットがいる場合は、事前に市区町村に問い合わせておくとよいでしょう。

水分補給に気をつける

1時間にコップ1杯を目安に、こまめに水分補給をしましょう。折りたたみ式のポリタンクなどがあると、水の確保やもち運びに役立ちます。

簡易トイレを自分でつくる

緊急時には、穴を開けたダンボール箱にごみぶくろなどを入れ、なかに新聞紙をしいてふくろごと捨てられる簡易トイレを自分でつくる方法があります。

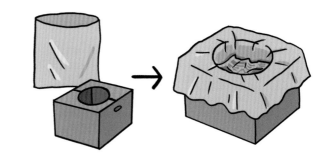

感染を防ぐ

トイレの後や食事の前には、かならず手洗いとうがいをしましょう。水が使えないときはウェットティッシュがあると便利です。

運動不足に注意

じっと座っている状態が続くと、足の血管のなかに血のかたまりができて、最悪の場合、死に至る「エコノミークラス症候群」になる危険があります。適度な散歩やストレッチ、運動が必要です。

じっとしてちゃダメね

ストレッチストレッチ

さくいん

あ

阿武隈川・・・・・・・・・・・7,8
荒川・・・・・・・・・・・・17,23
胃腸炎・・・・・・・・・・・・・53
エコノミークラス症候群・・・・53
越流・・・・・・・19,22,23,27
越流決壊・・・・・・・・・・・・23
江戸川・・・・・・・・・・・17,23
大雨警報・・・・・・・・・・34,45
大雨注意報・・・・・・・・・34,45
大雨特別警報・・・・・・・・34,45
沖永良部台風・・・・・・・・・・33
帯広市・・・・・・・・・・・30,31
オホーツク海高気圧・・・・・・11
尾鷲市・・・・・・・・・・・30,31
温暖化・・・・・・・・・・・・・26

か

外水氾濫・・・・・・・・・・・・24
がけくずれ・・・・・・8,21,47,50
河口・・・・・・・・・・・・16,18
かさ上げ・・・・・・・・・・・・27
可住地・・・・・・・・・・・・・14
河川敷・・・・・・・・・・・・・18
カテゴリー・・・・・・・・・・・13
下流・・・・・・・・・・・・18,34
川の防災情報・・・・・・・・・・44
簡易トイレ・・・・・・・41,42,53
冠水・・・・・・19,40,46,47～49

神田川・・・・・・・・・・・・・19
紀伊山地・・・・・・・・・・・・31
季節風・・・・・・・・・・・・・30
木曽川・・・・・・・・・・・15,28
鬼怒川・・・・・・・・・・・7,22
救援物資・・・・・・・・・・・・52
強風域・・・・・・・・・・・32,33
局地的大雨・・・・・・・・・・・35
掘削・・・・・・・・・・・・・・27
熊野灘・・・・・・・・・・・・・31
警戒レベル・・・・・・・・・・・45
下水道・・・・・・・・・24,25,47
決壊・・・・・・7,8,22,23,34
ゲリラ豪雨・・・・13,24,26,35,48
高気圧・・・・・・・・・・・・・11
洪水・・・・・・・16,17,19～21,
24,27,34,36,46
洪水警報・・・・・・・・・・34,45
洪水注意報・・・・・・・・・34,45
合流式下水道・・・・・・・・・・25
護岸・・・・・・・・・・・・・・18

さ

災害用伝言ダイヤル・・・・38,39
最大瞬間風速・・・・・・・・・・32
最大風速・・・・・・・・・・11,32
地すべり・・・・・・・・21,50,51
信濃川・・・・・・・・・・・・・15
地盤沈下・・・・・・・・・・16,17

集中豪雨・・・・・・・・13,35,44
瞬間風速・・・・・・・・・・・・32
常願寺川・・・・・・・・・・・・15
上流・・・・・・・・・・・・18,27
昭和57年（1982年）
7月豪雨・・・・・・・・・・・31
支流・・・・・・・・・・・・・・18
浸食決壊・・・・・・・・・・・・23
浸水・・・・・・・19,20,24,25,
36,37,48,49
浸透決壊・・・・・・・・・・・・23
垂直避難・・・・・・・・・・40,46
水平避難・・・・・・・・・・46,47
水門・・・・・・・・・・・・・・18
スーパー堤防・・・・・・・・・・23
隅田川・・・・・・・・・・・・・17
積乱雲・・・・・・・・・・・・・13
ゼロメートル地帯・・・・・・・・16
早期注意情報・・・・・・・・・・45
増水・・・・・・8,15,19,24,34,47

た

台風・・・・・・・6～8,11,13,
21,25,31～33
台風情報・・・・・・・・・・・・32
太平洋高気圧・・・・・・・・・・11
高潮・・・・・・・・・・・・16,21
高潮特別警報・・・・・・・・・・45
ダム・・・・・・・・・・・・・・27

地下街・・・・・・・・・・・・・25,49

地下水・・・・・・・・・・・16,17,51

地下鉄・・・・・・・・・・25,46,49

地下道・・・・・・・・・・・・・・47

地球温暖化・・・・・・・・・・12,13

築堤・・・・・・・・・・・・・・・27

治水・・・・・・・・・・・・26 ～ 28

調整池・・・・・・・・・・・・・・27

梅雨・・・・・・・・・・・11,13,31

強い雨・・・・・・・・・・・・34,35

堤外地・・・・・・・・・・・・18,24

低気圧・・・・・・・・・10,11,13,21

停電・・・・・・・・・36,39,49,52

堤内地・・・・・・・・・・18,23,24

堤防・・・・・・・・・7,8,17 ～ 19,
　　　　　22 ～ 24,26 ～ 28,34,36

十勝平野・・・・・・・・・・・・・31

徳川家康・・・・・・・・・・・・・28

都市化・・・・・・・・・・・・・・15

土砂災害・・6,8,21,34,46,50,52

土砂災害警戒情報・・・・・・・・45

土石流・・・・・・・・・・・21,50,51

利根川・・・・・・・・・・15,23,28

利根川東遷・・・・・・・・・・・・28

豊臣秀吉・・・・・・・・・・・・・28

な

内水氾濫・・・・・・22,24,25,48

中州・・・・・・・・・・・・・18,28

西彼杵郡長与町・・・・・・・・・31

熱帯低気圧・・・・・・・・・11,13

年間降水量・・・・・・・・10,30,31

は

梅雨前線・・・・・・・・6,8,11,21

激しい雨・・・・・・・・・・・34,35

ハザードマップ・・・36 ～ 38,45

ハザードマップポータルサイト
　　・・・・・・・・・・・・・・・36

氾濫・・・・・・・・・8,19,24,25,
　　　　　　　34,36,44,47,52

氾濫危険情報・・・・・・・・・・45

氾濫警戒情報・・・・・・・・44,45

氾濫注意情報・・・・・・・・・・45

氾濫発生情報・・・・・・・・・・45

ヒートアイランド現象・・・・・13

引堤・・・・・・・・・・・・・・・27

非常に激しい雨・・・・・・・・・35

備蓄・・・・・・・・・・・・42,43

避難指示・・・・・38,44 ～ 46,50

避難所・・・・・・・・・36,39,41,
　　　　　　　46 ～ 48,52,53

分流・・・・・・・・・・・・・・・18

平均風速・・・・・・・・・・・・・32

平均満潮時海面・・・・・・・・・16

平成 26 年（2014 年）
　8 月豪雨・・・・・・・・・・・6

平成 27 年（2015 年）
　9 月関東・東北豪雨・・・・7,22

平成 29 年（2017 年）
　7 月九州北部豪雨・・・・6,20

平成 30 年（2018 年）
　7 月豪雨・・・・・・・6,8,19,24

ヘクトパスカル（hPa）・・・・・33

は

ぼうこう炎・・・・・・・・・・・53

防災会議・・・・・・・・・・・・・38

防水ケース・・・・・・・・・・・41

放水路・・・・・・・・・・・・・・27

暴風域・・・・・・・・・・・・・・33

飽和水蒸気量・・・・・・・・・・12

本流・・・・・・・・・・・・・・・18

ま～わ

室戸台風・・・・・・・・・・・・・33

猛烈な雨・・・・・・・・・31,34,35

最上川・・・・・・・・・・・・・・15

やや強い雨・・・・・・・・・34,35

遊水地・・・・・・・・・・・・・・27

吉野川・・・・・・・・・・・・・・15

淀川・・・・・・・・・・・・21,23,28

ライフジャケット・・・・・・・・40

ライフライン・・・・・・・・42,52

令和元年東日本台風・・・7,8,33

ローリングストック法・・・・・43

わがまちハザードマップ・・・・36

輪中・・・・・・・・・・・・・・・28

数字・アルファベット

171・・・・・・・・・・・・・・・39

1 カ月平均降水量・・・・・・・・31

1 時間雨量・・・・・・・・・・・35

1 時間降水量・・・・・・・・12,31

SNS・・・・・・・・・・・・・・・39

■監修者紹介

河田惠昭（かわた・よしあき）

関西大学社会安全研究センター長・特別任命教授、京都大学名誉教授。
1946年大阪生まれ。1976年京都大学大学院工学研究科博士課程修了。アメリカのワシントン大学、プリンストン大学への留学をへて、1993年より京都大学防災研究所教授。京都大学防災研究所長、巨大災害研究センター長などを歴任し、2012年より関西大学社会安全研究センター長を務める。
おもな著書に、『これからの防災・減災がわかる本』『津波災害 増補版──減災社会を築く』（以上、岩波書店）、『日本水没』（朝日新聞出版）など多数。

■おもな参考文献

『これからの防災・減災がわかる本』河田惠昭 著（岩波書店）
『防災教材 勇気をもって 災害を知り、いのちを守る』NNN、読売新聞社、関西大学社会安全学部 制作・著
『やさしく解説 地球温暖化2 温暖化の今・未来』保坂直紀 著、こどもくらぶ 編（岩崎書店）
『みんなの命と生活をささえる インフラってなに？ ②下水～つかった水はどこへいく？～』こどもくらぶ 編（筑摩書房）
『地球温暖化の脅威に挑む 激甚化する水害』気候変動による水害研究会 著、日経コンストラクション 編（日経BP）
『水害の世紀──日本列島で何が起こっているのか』森野美徳 監修、日経コンストラクション 編（日経BP）
『わたしたちのくらしと国土 低い土地のくらし』井田仁康 監修（金の星社）
『いのちと未来を守る防災④ 台風・竜巻・豪雨』鎌田和宏 監修（学研）
ほか国土交通省、気象庁など公共機関のホームページ多数。

●編集・構成・DTP：株式会社クリエイティブ・スイート
●本文デザイン：小河原徳（C-S）
●イラスト：岡野キャロ、中原じゅん子、大槻亜衣（C-S）
●図版制作：小河原徳、大槻亜衣（ともにC-S）
●執筆：遠藤昭徳、西田めい（ともにC-S）

水害の大研究
なぜ起こる？　どうそなえる？

2020年7月10日　第1版第1刷発行
2023年9月29日　第1版第5刷発行

監修者　河田惠昭
発行者　永田貴之
発行所　株式会社PHP研究所
　東京本部　〒135-8137 江東区豊洲 5-6-52
　　　児童書出版部　☎03-3520-9635（編集）
　　　普及部　☎03-3520-9630（販売）
　京都本部　〒601-8411 京都市南区西九条北ノ内町11
　PHP INTERFACE　https://www.php.co.jp/
印刷所・製本所　図書印刷株式会社